Inhalt

Controlling des intellektuellen Kapitals - Die Wissensbilanz unterstützt Unternehmen in der ganzheitlichen und zukunftsorientierten Steuerung

Kernthesen

Beitrag

Fallbeispiele

Weiterführende Literatur

Impressum

GENIOS WirtschaftsWissen Nr. 05/2006 vom 29.05.2006

Controlling des intellektuellen Kapitals - Die Wissensbilanz unterstützt Unternehmen in der ganzheitlichen und zukunftsorientierten Steuerung

M.Westphal

Kernthesen

- In Deutschland ist Wissen ein entscheidender Standortfaktor, weshalb die

strukturierte Erfassung des intellektuellen Kapitals eines Unternehmens von wachsender Bedeutung ist.
- Traditionelle Instrumente des Rechnungswesens können nur quantitativ messbare und vergangenheitsorientierte Werte erfassen.
- Die Zusammenhänge zwischen Zielen, Geschäftsprozessen, dem intellektuellen Kapital und auch dem Erfolg des Unternehmens werden mit einer Wissensbilanz abgebildet.

Beitrag

Der Marktwert eines Unternehmens bestimmt sich nicht rein aus dessen physischen und finanziellen Vermögenswerten, sondern auch zunehmend aus seinem intellektuellen Kapital. Um den Wert des intellektuellen Kapitals zu messen und der Unternehmensleitung strukturierte Informationen für seine Erhöhung bereitzustellen gibt es das Instrument der Wissensbilanz.

Das "Wissen" eines Unternehmens gewinnt zunehmend an

Bedeutung

Das intellektuelle Kapital eines Unternehmens gewinnt gegenüber den Größen der physischen oder finanziellen Vermögenswerte bei der Ermittlung seines Marktwertes mehr und mehr Bedeutung. (4)

Die Kunden verlangen heute hoch spezialisierte Produkte und Verfahren. Von großer Bedeutung für alle Leistungsbereiche eines Unternehmens ist dediziertes Wissen über Märkte, Kunden, Werkstoffe, Technologien und vieles andere. Eine Unmenge an Informationen ist verfügbar, allerdings muss aus dieser das entsprechende Wissen generiert und systematisch für den Unternehmenserfolg nutzbar gemacht werden. (4)

In Deutschland ist Wissen ein entscheidender Standortfaktor. Innovation muss gefördert werden, will ein Unternehmen sich innerhalb des globalen Wettbewerbs behaupten und erfolgreich platzieren. Grundvoraussetzung für Innovationsförderung ist systematisches Wissensmanagement. (6)
Gerade der Mittelstand als Rückgrat der deutschen Wirtschaft wird Wissen als einen nicht zu unterschätzenden Unternehmenswert berücksichtigen. Dieser Wert muss genauso gepflegt, erweitert und verwaltet werden wie ein materieller Wert. (6)

Das "intellektuelle Kapital", also das Wissen eines Unternehmens ist quantitativ schwer messbar

Die Zusammenhänge zwischen Zielen, Geschäftsprozessen, dem intellektuellen Kapital und auch dem Erfolg des Unternehmens werden mit einer Wissensbilanz abgebildet. Das Problem im Falle des intellektuellen Kapitals besteht in der Schwierigkeit, dieses zu messen und in Zahlen auszudrücken. So können das Know-how der Mitarbeiter, Prozesse und Beziehungen zu Kunden und Lieferanten kaum quantitativ erfasst werden. Mit Hilfe der Wissensbilanz werden alle Faktoren sichtbar gemacht, die den wirtschaftlichen Erfolg des Unternehmens in der Zukunft beeinflussen. Wissenschaft und Praxis diskutiert schon seit längerem die Defizite der traditionellen Bilanz. Der Unternehmenswert wird durch sie nur unzureichend abgebildet. Sichtbar wird dieses im Falle eines starken Abweichens des Marktwerts eines Unternehmens von seiner in der Bilanz ausgewiesenen Vermögenssumme. Außerdem ist die traditionelle Bilanz vergangenheitsorientiert und lässt somit wenig Aussagen über das Potenzial eines Unternehmens

erfahren. (1)
Aber gerade in einem wissensbasierten Wirtschaftssystem haben intellektuelle Werte eine wesentlich größere Bedeutung für das Unternehmen im Wettbewerb als Maschinen und klassische Kapitalanlagen. (1)

Die Wissensbilanz ist gerade für wissensbasierte und auch wissenschaftliche Institutionen ein wichtiges Steuerungs- und Kommunikationsinstrument. (2)

Entwickelt wurde das Modell der Wissensbilanz vom "Austrian Research Center Seibersdorf". (2)

Die Wissensbilanz misst weder das Wissen eines Landes oder Unternehmens, noch bilanziert es quantitative Faktoren. Insofern ist der Begriff Wissensbilanz irreführend. Sie hilft bei der Standortbestimmung, der Strategiebildung wie auch der Vereinbarung von Leistungsbeiträgen. Ziele sind ja Wettbewerbsfähigkeit wie auch soziale Ausgewogenheit. (7)

Die Wissensbilanz hilft bei der ganzheitlichen und zukunftsorientierten Betrachtung

des Unternehmens

Die Wissensbilanz umfasst Wertschöpfungspotenziale nicht finanzieller Art, Kernprozesse und (finanzielle und immaterielle) Ergebnisse. (2)
Sinn und Zweck der Wissensbilanz ist im Wesentlichen die Beantwortung von drei Fragen, die mit Hilfe der traditionellen Finanzbilanz nicht beantwortet werden können, nämlich die Herausarbeitung der Erfolgsfaktoren im **Humankapital**, Erfolgsfaktoren im **Strukturkapital** und Erfolgsfaktoren im **Beziehungskapital**. (2)
Durch die Wissensbilanz wird damit transparent,
- welche über rein finanzielle Kriterien hinausgehende Erfolge (intellektuelles Kapital) das Unternehmen aufweist,
- was die Basis für den Erfolg der Organisation ist,
- wie die zukünftige Entwicklung des intellektuellen Kapitals der Institution aussieht.
Bewertet wird mit Noten-Schlüsseln oder Kennzahlen. (2)

Die zentralen Dimensionen einer Wissensbilanz sind also:
- Humankapital: Mitarbeiterkompetenzen, -verhalten, Lernfähigkeit, Motivation
- Strukturkapital: Organisationskultur, geistiges Eigentum (Patente, Nutzungsrechte, etc.), interne Prozesse, funktionierende Organisation, sowie

Ausstattung der Mitarbeiter mit modernen Arbeitsmitteln, da dieses eine wesentliche Voraussetzung dafür ist, dass Mitarbeiter produktiv und erfolgreich tätig sein können
- Beziehungskapital: Kunden-/Lieferantenbeziehungen, Marketing, Öffentlichkeitsarbeit.
(9)

Um für eine der Dimensionen der Wissensbilanz, nämlich das Humankapital, beispielhaft aufzuzeigen, wie dieses für das Unternehmen gesteuert werden kann, im folgenden mögliche Einflussfaktoren auf das Humankapital:
- Mitarbeiterqualifikation,
- Mitarbeitermotivation,
- Mitarbeiterzufriedenheit,
- Mitarbeiterverfügbarkeit,
- Mitarbeiterproduktivität.
(9)

Ziel einer Wissensbilanzierung ist
- die Verbesserung der internen und externen Kommunikation (z. B. durch Offenlegung der Forschungsergebnisse und ziele der Mitarbeiter in den einzelnen Abteilungen),
- die Verdeutlichung der Entwicklung der immateriellen Dimensionen eines Unternehmens und damit der Brückenschlag zwischen der strategischen

Entwicklung und der operativen Controlling-Prozesse. Deshalb sollte eine Wissensbilanzierung auch jährlich und über einen längeren Zeitraum durchgeführt werden.
(2)
Für den Erfolg eines Unternehmens ist eine ganzheitliche wissens- und kommunikationsorientierte Firmenkultur entscheidend. (3)

Wichtig für eine positive, wissensbasierte Unternehmenskultur sind Chefs, die ihre Mitarbeiter kontinuierlich ermuntern, ihr Wissen bereitwillig mit ihren Kollegen zu teilen. Ebenso kann eine innovative Organisation des Miteinanders von Innen- und Außendienst oder aber ein vorbildliches Intra- oder Extranet für eine Wissensbilanz und damit für das Unternehmen von großem Wert sein. (3)

Das methodische Vorgehen zur Erstellung einer Wissensbilanz ist aufwendig

Eine mögliche Methode zur Erstellung einer Wissensbilanz ist das Intellectual Capital Reporting (ICR). Dieser Report ist von seiner Struktur her nicht

gleich mit einer Handelsbilanz. Es gibt keine Aufstellung über Aktiva und Passiva. Außerdem umfasst er nicht das Wissen im eigentlichen Sinne, sondern eben auch Prozesse, Kundenbeziehungen, Markenstrategie und ähnliches. (4)
Diese neue Thematik hat sich seit Mitte der neunziger Jahre den Weg in die Unternehmensgestaltung gebahnt. So greifen auch aktuelle Entwicklungen der internationalen Rechnungslegungsstandards (IFRS/IAS) wie auch Kreditvergaberichtlinien (Basel II) diesen Methodenbereich auf. (4)

Bei der Erstellung einer Wissensbilanz werden die Sichtweisen verschiedener funktionaler Bereiche einbezogen, so kommen Projektmitarbeiter, Vertrieb, Personal und Controlling an einem Tisch zusammen, um in einem definierten Zeitraum gleichberechtigt über Wissensthemen zu diskutieren. Es muss in diesem Zusammenhang eine Wissensstrategie über die Identifikation erfolgsrelevanter Einflussfaktoren wie aber auch die Planung konkreter Maßnahmen behandelt werden. Alle wissenshaltigen Aspekte des Unternehmens wie Prozesse, Kundenbeziehungen, Qualifizierung der Mitarbeiter und ähnliches müssen berücksichtigt werden. (4)
Das ICR wird insbesondere durch drei Schlüsselaspekte sehr wertvoll:
- Stringenz der Berücksichtigung des intellektuellen

Kapitals in Strategie und entsprechender Umsetzung,
- Kommunikation des Managements des intellektuellen Kapitals
- Förderung der Nachhaltigkeit wie auch des Wertes und damit auch Attraktivität des Unternehmens.
(4)

Wissensbilanzierung kann helfen, den Fokus der Unternehmenssteuerung von rein quantitativen Aspekten hin zu Leistungsbeiträgen des "Wissens" zu verschieben

Personalkosten sind meistens die Favoriten, wenn es darum geht, wo der Rotstift angesetzt werden könnte. Allerdings kann es sich auch auszahlen, in die exzellente Ausbildung seiner Mitarbeiter zu investieren. Zu diesem Ergebnis kommt das VDI-Projekt "Wissensbilanz Made in Germany". Richtig dargestellt, werden weiche Faktoren zu harten Erfolgskriterien. Auch bei der Kreditvergabe nach Basel II spielen solche Faktoren nun eine Rolle bei der Kreditvergabe und bestimmen auch die Höhe des Zinses. (5)

Ebenso kann die Wissensbilanz als Frühwarnsystem dienen, um notwendige Anpassungen an dynamische Marktsituationen rechtzeitig vornehmen zu können. Eine zukunftsorientierte Unternehmensführung wird auf dieses Instrument nicht mehr verzichten können. (5)

Fallbeispiele

In Österreich gibt es bereits einige Institutionen, die eine Wissensbilanz erarbeiten. Schon 1999 hatte das Forschungszentrum Seibersdorf eine solche für sich erstellt, auch die Donau-Universität Krems hat inzwischen eine, die Österreichische Nationalbank, die Universität für Bodenkultur und auch das Institut für Industriebetriebslehre und Innovationsforschung der TU Graz. Derzeit arbeitet die Österreichische Akademie der Wissenschaften an der Erstellung der eigenen Wissensbilanz.
Mit dem Universitätsgesetz 2002 ist die Wissensbilanzierung für österreichische Universitäten gesetzlich vorgeschrieben. (2), (7)

Das Familienunternehmen SOR aus dem ostwestfälischen Oelde hat als einer der ersten

Mittelständler eine Wissensbilanz erstellt. Dabei wurden weiche Faktoren wie Qualifikation der Verkäufer, Filialstandorte und Exklusivität der Kundenkartei bewertet. Daraus resultieren Unternehmensziele, die in jeder Führungskreissitzung behandelt werden. Außerdem zahlt das Unternehmen seit es diese Bilanz erstellt hat, deutlich geringere Kreditzinsen bei Banken. (3), (5)

Basis für die Data-Warehouse-basierte Wissensbilanz der Universität Wien ist ein Reporting-System, zu dessen Realisierung der Zentrale Informationsdienst (ZID) der Universität mit der FAW Software Engineering aus dem Softwarepark Hagenberg kooperiert.
Alle Hochschulen in Österreich sind verpflichtet, Rechenschaft über den Einsatz der verwendeten Mittel und der daraus geschaffenen Werte und Ergebnisse für Wirtschaft und Gesellschaft abzulegen. Nur dann kann Hochschulfinanzierung optimal gestaltet werden. (8)
Leistungsvereinbarung und Ziele, Aufgaben und erwarteter Nutzen der Universitäten werden transparent dargestellt mittels Indikatoren und Kennzahlen. Diese sind in traditionellen Berichten des Rechnungswesens nicht enthalten. (8)

Weiterführende Literatur

(1) Geißer, Cornelia, Wissensbilanzen? Schwerpunkt Geistiges Eigentum, Harvard Businessmnager, 21.02.2006, Nr. 3, S. 47
aus HANDELSBLATT online 20.6-.1-06 06:00:00

(2) Soll und Haben der Wissensgesellschaft
aus Wiener Zeitung 92 vom 2006-05-11, Seite 10

(3) Gesucht: Die besten Wissensmanager Zum vierten Mal vergeben die Commerzbank und impulse gemeinsam die Auszeichnung »Wissensmanager des Jahres«. Zu gewinnen sind 30 000 Euro.
aus Impulse vom 01.04.2006, Seite 98

(4) Tun Sie Gutes, und reden Sie darüber!
aus Maschinenmarkt Nr. 15 vom 10.04.2006

(5) Wissensbilanzen schaffen Transparenz
aus VDI NR. 14 VOM 07.04.2006 SEITE 51

(6) O. V., Wissen als wichtige Zukunfts-Ressource, Rhein-Zeitung, 22.03.2006
aus VDI NR. 14 VOM 07.04.2006 SEITE 51

(7) Österreich ist Pionierland für Wissensbilanzen
aus Wiener Zeitung 54 vom 2006-03-18, Seite 10

(8) Wissensbilanz für Universität Wien
aus "it&t-business" Nr. 03/06 vom 03.03.2006 Seite: 37

(9) Praxisbeispiel zur Einführung einer Wissensbilanz - Immaterielle Werte erfassen und darstellen
aus Bilanzbuchhalter und Controller, Heft 04/2006, S.

75

Impressum

Controlling des intellektuellen Kapitals - Die Wissensbilanz unterstützt Unternehmen in der ganzheitlichen und zukunftsorientierten Steuerung

Bibliografische Information der deutschen Nationalbibliothek

Die Deutsche Nationalbibliothek verzeichnet diese Publikation in der deutschen Nationalbibliografie; detaillierte bibliografische Daten sind im Internet über http://dnb.d-nb.de abrufbar.

ISBN: 978-3-7379-0033-1

© 2015 GBI-Genios Deutsche Wirtschaftsdatenbank GmbH, Freischützstraße 96, 81927 München, www.genios.de

Alle Rechte vorbehalten. Dieses Werk ist einschließlich aller seiner Teile – z.B. Texte, Tabellen und Grafiken - urheberrechtlich geschützt. Jede Verwertung außerhalb der Grenzen des Urheberrechtsgesetzes bedarf der vorherigen

Zustimmung des Verlags. Dies gilt insbesondere auch für auszugsweise Nachdrucke, fotomechanische Vervielfältigungen (Fotokopie/Mikroskopie), Übersetzungen, Auswertungen durch Datenbanken oder ähnliche Einrichtungen und die Einspeicherung und Verarbeitung in elektronischen Systemen.